AF434271

د. محمد علام

❖ استشاري طب نفسي، يحمل معه ربع قرن من الخبرة في الطب النفسي.

❖ حاصل على:

- زمالة الكلية الملكية للأطباء النفسيين بأستراليا، ونيوزيلندا.

- دكتوراه الطب النفسي من القاهرة.

- البورد العربي في الطب النفسي.

- ماجستير الأمراض النفسية والعصبية.

- دبلوم الطب النفسي المشترك.

- استشاري الطب النفسي بمدينه العين في دولة الإمارات العربية المتحدة.

الإهـــداء

إلى كل قلبين وروحين يفكران في الزواج والاستقرار والعيش في هناء..

وإلى كل من يتطلع إلى الاستفادة من خبرات الآخرين؛ لتفادي الوقوع في أخطائهم، حتى وإن كان الزواج لايزال بعيداً.

د. محمد علام

خمسون نصيحة لحياة زوجية سعيدة متزنة

AUSTIN MACAULEY PUBLISHERS™

LONDON • CAMBRIDGE • NEW YORK • SHARJAH

الرقم الدولي الموحد للكتاب 9789948354901 (غلاف ورقي)
الرقم الدولي الموحد للكتاب 9789948354895 (كتاب إلكتروني)

رقم الطلب: MC-10-01-2210285
التصنيف العمري: E

تم تصنيف وتحديد الفئة العمرية التي تلائم محتوى الكتب وفقًا لنظام التصنيف العمري الصادر عن المجلس الوطني للإعلام.

الطبعة الأولى (2020)
أوستن ماكولي للنشر م. م. ح
مدينة الشارقة للنشر
صندوق بريد [519201]
الشارقة، الإمارات العربية المتحدة
www.austinmacauley.ae
+971 655 95 202

شكر وتقدير

شكر وتقدير للأستاذ وائل علّام، ماجستير علم النفس – جامعة عين شمس – القاهرة.. اختصاصي علم النفس الإكلينيكي.. استشاري في مجال الإعاقة للدعم الأدبي، والنفسي، والعلمي، وتوفير المادة العلمية الحديثة.

المقدمة

كلنا يقدم على خطوة الزواج، وهو مليء بالأمنيات والأحلام السعيدة المرجوة من هذه العلاقة النبيلة المقدسة.

هناك العديد من الأمور التي قد لا تكون بالبال قبل الزواج، ونواجهها بعد الزواج.

الاستعداد الإيجابي للزواج هو ما نريده، وفي هذا الكتاب قد تَعَرَّضْنا لمواقف، الكثير منها يمر بحياتنا في مرحلة أو أخرى خلال رحلة الزواج، قد نكون مستعدين لبعض المواقف، والبعض الآخر قد يكون جديدًا علينا.

من الخبرات العملية، ومما قد شاهدته في بعض الجوانب الاجتماعية خلال مجال عملي، ومما قد صادفني بطريق مباشر أو غير مباشر، رأيت أنه يجب تجميع بعض هذه المشاهد بطريقة بسيطة في صورة نقاط واضحة، الهدف منها التفكير سويًا، والعمل على تجنب المشاكل والخلافات التي يمكن أن نواجهها في رحلة العمر.

آخر ما نريده هو حدوث الخلاف والفرقة في الحياة الزوجية، والذي قد ينتهي بالطلاق الذي لا تحمد عقباه، والذي يعاني منه الأطفال والزوجان، بل وتمتد آثاره إلى أهل الزوجين اللذين ينغمسان مع الزوجين والأولاد في تبعات الانفصال والطلاق.

في هذا الكتاب أوردنا بعض النقاط التي قد تكون سببًا في حدوث الخلاف إذا أُغْفِلَتْ، وعند مراعاتها منذ البداية يمكن تجنب هذا الخلاف.

1- البدء بالمعروف والإحسان
مَن يجب أن يبدأ ويبادر بالفعل الطيب أولًا؟

العبارة السابقة من التعبيرات الشائعة التي نسمعها في حواراتنا، وأثناء الإعداد للزواج قد يكون طرفٌ أكثرَ في المجاملات من الطرف الآخر، وعادة في ثقافتنا العربية يكون الزوج أكثر تقديمًا للهدايا كما هو متوقع، أو طرف أكثر في المبادرة بالتواصل أو المجاملات، فالوضع المتزن دائمًا يكون محمودَ العواقب.

فقد يكتفي البعض بتقديم الخير يوم السبت متوقعًا رد الخير يوم الأحد – كما يقال في الأمثال – والبعض الآخر قد يقدم الخير والمعروف يوم السبت، ويوم الأحد، ويوم الإثنين، بلا توقع لرد فوري لكل المجاملات.

ليس طيبًا أن أمتنع عن عادة طيبة أو كريمة أو ما شابه، منتظرًا أن يبدأ الطرف الآخر أو عائلته أولًا، فالأفضل المداومة على كل ما هو طيب.

خلاصة الأمر هو الاتزان في كل شيء، والتحلي بحسن النية، وفي أي علاقة صحية سليمة يكون التوافق والتكافؤ سمة لها.

فإذا كانت هناك أسباب ضرورية مادية تجعل أحد الأطراف أكثر عطاءً في بداية علاقة الزواج، فيجب على الطرف الأكثر عطاءً أن يكون متقبلًا لذلك، ومتفهمًا للظروف المادية للطرف الآخر، ويجب ألا يكون هذا داعيًا للتفاخر، أو التقليل من شأن الطرف الآخر؛ لتدوم حياة زوجية طيبة.

التقليل من شأن الآخر قد يكون بكلمة سريعة تبدو عابرة، ولكنها في حقيقة الأمر تترك أثرًا غير طيب في نفس أحد الأطراف.

العلاقة بين طرفين تستلزم خطوات من كلا الطرفين في اتجاه الآخر، ولا يقوم طرف واحد بالسير تجاه الآخر طيلة الوقت، وكلا الطرفين يأخذ خطوة في الاتجاه السليم، البعض قد يكون أكثر في خطواته تجاه الطرف الآخر، المهم ألا يقوم شخص واحد فقط بكل المبادرات، بينما يكون الطرف الآخر متلقيًا فقط.

2- التبرع بالنصيحة في الموقع الخاطئ
محاولة إصلاح شيء غير مكسور أصلًا قد
يكون كارثيًا

قد تكون الحياة الزوجية تسير في سلاسة وتلقائية حتى يقرر أهل الزوج إهداء نصيحة لابنهم، أو يقوم أهل الزوجة بإهداء نصيحة لابنتهم نصيحة لا توافق العروسين، وأساسها افتراض أنه توجد مشكلة ما.

ليس من النادر أن تكون أم العروس أو أم العريس قد صادفتا في حياتهما الشخصية مشكلة بعينها، وبحسن نية في الغالب تقرر إهداء النصيحة غير المطلوبة، كمن يقرر إصلاح شيء سليم غير تالف، فيتلفه غير متعمد، كما ذُكِرَ في المثل الشهير "الدبة التي قتلت صاحبها أثناء نومه، عندما وجدت ذبابة فوق رأس صاحبها، فأمسكت بحجر ضخم، وألقته على رأس صاحبها فهشمته، وقتلت صاحبها بمنتهى حسن النية".

مثال ذلك: نصيحة من أم لابنتها بأن تقلل من خروج زوجها؛ لأن الأم نفسها كانت تعد ذلك مشكلة في زواجها، وهي تفترض الآن أن ابنتها تواجه نفس المشكلة، والفارق بين جيل وجيل كبير، والظروف الخاصة بكل أسرة مختلفة، وما يناسب أسرة قد لا يناسب أسرة أخرى.

هناك العديد من الأزواج يجدون وقتًا للجلوس مع أصدقائهم وقرنائهم للحديث عن مجريات الأمور، والاطمئنان، وأخْذ النصح من بعضهم البعض، وفرصة للراحة، وكسر روتين الحياة، بالإضافة للاستئناس، وقد يناسب ذلك الزوجة التي تقوم بأداء مهام البيت، أو أخْذ وقت خاص لنفسها، وقسط من الراحة في أثناء غياب الزوج.

النصيحة هنا من أي شخص قرب أو بعد قد لا تناسب هذه الأسرة بالذات، وبالتالي النتيجة قد تكون شديدة السوء.

ويفترض هنا أن يكون الزوج أو الزوجة محظوظين بالفطنة والفطرة إذا أدركا سريعًا أن هذه النصيحة لا تناسبهما؛ لأن وضعهما الحالي مستقر في ضوء أنشطتهما اليومية، وتفاهماتهما المستمرة التي تجعل الحياة سلسة.

3- التقليد الأعمى

التقليد الأعمى للآخرين في علاقاتهم قد لا يناسبنا، فكل شريكَي حياة يختلفان عن غيرهما

فقد تستهوي فكرة ما أحد الزوجين، فيقلدها أو يكررها بما لا يتناسب مع ظروفه هذه المرة بدون أي عامل خارجي، أو نصيحة من آخر، يقرر تجربة ما في الحياة الزوجية بدون داعٍ، هناك تكمن مشكلة، إذ إن أي تغيير ينبغي أن تكون له أسباب تستلزم التفكير فيه، أما التغيير لمجرد التغيير فله عواقب وخيمة.

فقد تكون الحياة تسير بتناغم ويسر، وكلا الطرفين متفاهمان إلى أن يبدأ أحد الطرفين بالتغيير لمجرد التغيير، مثل: زوج يقرر ألا تزور زوجته أسرتها كما اعتادت، وأن تقلص من وقتها هناك، بالرغم من عدم وجود مشاكل تنشأ من زيارتها لأسرتها، وقد تكون أسرة الزوجة تقدم لها دعمًا نفسيًّا ومعنويًّا، ويساعدونها وقت

الحاجة بدون تدخل في حياتها، وهنا مجرد إدخال تغيير لمجرد التغيير، تنشأ عنه مشاكل لا داعي لها.

وعلى صعيد آخر زوجة تقرر منع الزوج من القيام بعمل إضافي لزيادة الدخل، وتعارضه؛ لأن إحدى الصديقات قد قامت بالمثل مع زوجها.

اختلاف الظروف الاجتماعية والمادية يجعل كل أسرة فريدة ومختلفة عن غيرها، ولا يجب تعميم وضع معين على أُسَر مختلفة الظروف.

يوجد الكثير من الأمثلة التي تعبر عن اختلاف ظروف كل أسرة في الإنفاق، والسفر، والعديد من الأمور التي يصعب حصرها هنا، ولكن مبدأ الاستقلالية الخاص بكل أسرة واحد.

تتلخص النقطة السابقة في القول المأثور: "لا تصلح ما هو ليس مكسورًا".

في اللغة الإنجليزية القول المأثور:

"If it is not broken, do not fix it"

4- الاعتراف بالخطأ
دائمًا يجعل الجو الأُسَرِيّ لطيفًا

ولا يستلزم هنا خطبة عصماء، بل ببساطة الكلمات يمكن التعبير عن حسن رأي الطرف الآخر، كرأي الزوجة مثلًا، وكلما كان هناك نضج في العلاقة كلما كانت هذه الأمور تلقائية وبسيطة على الدوام.

هذا الأسلوب التلقائي الناضج يجعل كلا الطرفين يتصرفان دون حرج أو قلق، فكل من الزوج والزوجة يتعامل بشفافية، ولا يحتاج إلى حوارات قوية، أو مناقشات مطولة؛ ليثبت وجهة نظره.

كثيرًا ما تسمع أن أحد الزوجين لا يمكن أن يكون مخطئًا أبدًا، وهذا بالطبع يسبب إحباطًا للطرف الآخر، ويترتب على ذلك توقع نفس المنطق في مواقف مشابهة، وقد يؤدي هذا إلى تجنب طرف للحوار مع الطرف الآخر.

التجنب للحوار قد يؤدي إلى نقص التواصل، وهذا قد يؤدي بدوره لمشاكل عدة، تبدأ بالتدريج، وتكبر حتى تكون مشكلة كبيرة.

5- الذي تراه الآن
هو ما سوف تحصّل عليه دائمًا

What you see now is what you will get later

(لا تخدع نفسك بوهم تغيير الآخر بعد الزواج حتى يوافقك رغباتك)

في أثناء الخطوبة وفي البدايات قد يلاحظ العروسان سمات تناسبهم، وهي من الأساس عوامل انجذاب كل طرف للآخر.

قد يظهر لك في البداية أيضًا ما قد لا يتوافق مع طباعك كطرف في هذه العلاقة النبيلة، والأمر في النهاية متروك لك في اتخاذ القرار.

فقد يستمر العريس أو العروس في مشروع الزواج بالرغم من وجود بعض الأمور التي قد لا تناسبهما كليهما، ولكنها في وجهة نظرهم اختلافات ليست جوهرية مطلقًا؛ ولذلك يمكن التغاضي عنها بسبب الميزات الأخرى في الطرف الآخر، وهذا بالطبع قرار كل شخص على حدة.

المهم أن ما تراه هو ما سوف تحصل عليه، وإن ظننت أن بإمكانك في المستقبل تغيير كل ما لا ترغب فيه للحصول على شخص مختلف، إن فكرت كذلك، ففكر ثانية؛ لأن تغيير الآخر ليس بهذه السهولة.

كلما ارتفع مستوى الذكاء الاجتماعي والعاطفي، كلما أمكن لكل من الزوجين التعرف على ما يوافق الطرف الآخر، وإرضاؤه بالرغم من وجود بعض الاختلاف، وأيضًا كلما جعل الحياة متوافقة بين الزوجين بقدر الإمكان.

6- التوافق والتكافؤ الاجتماعي

لا تغفل هذا العامل، فأسلوب الكلام، والعادات، والكثير من ردود الأفعال يمكن توقعها من معرفة المستوى الاجتماعي والتعليمي للطرف الآخر.

في بعض من مجتمعاتنا، وفي الشعوب المختلفة يوجد فواصل أو فروق اجتماعية لم نضعها لأنفسنا، ولكن لا يمكن إغفالها؛ لأنها حقيقة واقعية، نظرًا لتنوع الثقافات في الشعوب المختلفة، ووجود درجات اجتماعية متفاوتة؛ فالطبقة المتوسطة في بعض البلدان قد تشكل 85% إلى 90% في بلد مثل، أستراليا، فمعظم الناس يستخدم نفس المفردات، وفي بلد آخر الطبقة المتوسطة نفسها تتكون من عدة طبقات متفاوتة تختلف في المفردات اللغوية، ولغة الجسد كأسلوب للتعبير عن المشاعر، وأساليب الحياة، وقضاء أوقات الفراغ، حتى إن الطبقة المتوسطة نفسها قد تقسم إلى مرتفعة، ومتوسطة، ودنيا، وكل ذلك ينعكس لا محالة على مستوى الحوار اليومي، والتوقعات

من الطرفين، والإحباطات التي قد تنشأ، والأكثر أهمية أساليب حل المشاكل، والتعامل مع البعض يوميًا يختلف تبعًا لكل ذلك.

7- مَن يشعرنا بأننا مناسبون يستحق
كل الحب والتقدير

عندما تلاحظ الزوجة بأن زوجها ينجح في تحسين وزنه، وتنسيق قوامه فإنها تشعره بالثقة والحب، وعندما يلاحظ الزوج بأن الزوجة قد تجمعت فيها محاسن ما فإن ذلك يزيد من المودة والحب، فنحن نحب من يحبنا، ونُقَدِّرُ مَن يُقَدِّرُنا، ويرانا في صور حسنة.

يمكننا أن نتعاون في ذلك بما يناسب كل أسرة، وكل منزل، مثال ذلك: الخروج للمشي خمسة أيام في الأسبوع؛ لتشجيع بعضنا البعض، وعمل رياضة مما يقربنا من بعضنا، والاتفاق على ما نحب، أو ما يحبه الآخر، ولو بعض الوقت يشعرنا بالتواصل والاتفاق.

أيضًا، تشجيع الزوجة لزوجها، والثناء عليه؛ لأنه بعد راحة الدوام يحرص مثلًا على أداء صلاة الجماعة، ويأخذ أولاده معه

لكي يشاركوه، وحتى يعتادوا على طيب الخصال، والذي يبقى معهم كسلاح في حياتهم مهما تقدم بهم العمر.

إشعار الزوج، وإخباره عن سعادتها، ورضاها عن هذا الأمر، هو مدعاة للحب بين الزوجين؛ لأنهما يعتنيان معًا، كلٌّ بطريقته للحفاظ على فلذات الأكباد، وأعز ما نملك.

إن الحفاظ على حياة متزنة في هذا الجانب، من حيث إشعار الآخر بالثقة، ولو بعبارات بسيطة من آن لآخر، أو المجاملة، وأضعف الإيمان عدم ذكر ما قد يسيء للآخر، وبمرور الزمن يمهد كل ذلك الطريق لحياة سعيدة بلا تفريط فيما يجب أن نفعله لربط الود، والحفاظ على هذا الود، والاحترام المتبادل حتى آخر الحياة.

وبهذا الرصيد من الحب والاحترام، إذا ما حدث من الطرف الآخر أمر ما غير معتاد عليه، وليس من عادات الزوج أو الزوجة، يكون رصيد الود والمحبة أقوى من أي مشكلة قد تحدث.

المراد هنا أن تراكم ذكريات الود، والمحبة، والأحداث الطيبة على مر السنين، هو أمر شديد الأهمية لاستقرار الحياة الزوجية وقت المشاكل غير المتوقعة.

8- الشعور بالشوق لرؤية الآخر

يشعر الزوجان في بداية الخطوبة والتعارف بالشوق لرؤية بعضهما، وهذه علامة طيبة ومتوقعة، ودليل على بداية التوافق، ولكن بعد الزواج – ولا أقول هنا أن هذا يحدث كثيرًا – ولكن بمرور الوقت الذي يتواجد فيه الزوجان معًا، قد يحدث بدايات الإحساس بالتعود، وقد يقل الاشتياق، وافتقاد الآخر.

دائمًا يجب أن يحاول العروسان قتل الملل بتغيير الروتين، وجعل بعض الوقت بعيدًا عن الآخر؛ ليحدث التشوق، وتفادي الملل، ومن أمثلة ذلك: أن نفهم جيدًا أهمية أن يكون لكل من الزوجين حيزًا ومتسعًا من الوقت من أجل ممارسة هواية أو نشاط اجتماعي، ومثال ذلك: أن تجتمع الزوجة بصديقاتها للحديث، والترويح عن النفس، أو المشاركة في نشاط اجتماعي تطوعي، كمجموعة من الزوجات النشيطات اجتماعيًا يقمن بمساعدة الفقراء، أو أطفال أيتام، أو جمع أغراض، وأطعمة للمحتاجين.

وكذلك إتاحة الوقت للزوجة بأن تزور أهلها، وتتحدث معهم حتى لا تشعر باختلاف مفاجئ في نمط حياتها بعد الزواج، وحتى يكون الدعم المعنوي، والنفسي المتوفر لها من هذه الأنشطة الاجتماعية والأسرية من عوامل التنوع في حياتها، فلا يدب الملل والتعود سريعًا، وبالتالي ينعكس كل ذلك على استقرارها، وسعادتها، وعلى زوجها، وأسرتها بالكامل.

بكل تأكيد ما تم ذكره يجب ألا يكون على حساب الزوج والبيت، فالأنشطة التي ذكرناها لكي تنعش الحياة الزوجية، وتجدد دورتها، الغرض منها أن تكون جزءًا من حياة زوجية سعيدة، وليست بديلًا عنها، وأن تنظَّم بما يتناسب مع أوقات الزوج، وليست بديلًا عن الحياة الزوجية، أو متعارضة معها.

والزوج أيضًا يجب أن يكون لديه متسعٌ من الوقت؛ لكي يزور أسرته وأقاربه، وأن يكون له متنفس اجتماعي مع الأصدقاء، يجتمعون ويتحدثون عن مجريات الحياة اليومية، أو يذهبون لممارسة الرياضة، وأيضًا سوف أكرر نفس العبارة المتوقعة، أن ذلك يتم بالتنسيق مع الزوجة وأوقاتها؛ لأن ذلك سوف يزيد من الترابط والقوة في الحياة الزوجية، وسوف يزيد من الإحساس بأنه بعد انتهائك من نشاط ما أنك متشوق لرؤية الزوجة، والتي تكون بدورها في انتظار الزوج، وعسى أن يقلل ذلك من الإحساس بالرتابة والملل، وأن يزيد من الإحساس بحياة متجددة دومًا.

9- ليست أمارة طيبة إذا كان كل ما يحدث في بيت الزوجين ينتقل حرفيًا في صورة قصة في كل مرة يزور الزوج أو الزوجة منزل الأهل

الخصوصية، وأكررها مرة أخرى، الخصوصية مهمة، وتجعل كل طرف يثق بالآخر، والاستثناء هو الضرورة التي قد تستدعي أخذ رأي الأهل في موضوع يهم أحد الأطراف، ولا يجب أن تكون القاعدة هي نقل كل مجريات الحياة الزوجية بداعٍ، وبدون داعٍ، وهذا أيضًا ينطبق على الأصدقاء والمعارف الذين لا يجب أن يكونوا على علم بكل شيء بداعٍ، وبدون داعٍ.

فإذا لم نراعِ هذه الخصوصية، سيَعْرِف أهل الزوج زوجته مما يقوله عنها لهم، ويَعْرِف أهل الزوجة زوجها مما تخبرهم عنه؛ ولذلك يجب أن يكون كل من الزوج والزوجة حريصين على ألا يتسرعا في نقل انطباع متسرع عن الطرف الآخر، فقد تحل المشكلة بينهما، ويبقى أثر ما نُقِلَ عن الزوج أو الزوجة في قلب أهل كلا الطرفين، فالتأني خير.

10- السعادة لشخصين يعيشان معًا تأخذ صور وطباع هذين الشخصين المختلفة

فقد يكون النصف الآخر سعيدًا ومنهمكًا في أداء شيء يحبه، مثل مشاهدة مباراة، أو مجرد الاسترخاء، فإن كان هذا يسعده فهو يسعد زوجته بالتبعية، وإن كانت الزوجة منهمكة وسعيدة بأداء شيء على انفراد، وبدون الزوج فهذا أيضا يسعد الزوج، هذا المستوى من التفاهم يضفي جوًّا سعيدًا على البيت فيه ذكاء وتفاهم.

الحيّز الشخصي الذي يأخذه كل فرد ليشعر بسعادة ما، يجب احترامه؛ لأنه يصعب تغيير طباع وعادات الآخر، خاصة إذا كان الأمر بسيطًا.

11- أثناء الحوار، أو أي حديث
فإن مقارنة الزوج زوجته بزوجة شخص آخر،
في السلوك، أو الشكل والمظهر، أو وصف
الزوجة الزوج بالمقارنة بزوج صديقة أو
قريبة، يُحدث خطأً في صميم العلاقة

كل أسرة مختلفة عن الأخرى من حيث الظروف الاجتماعية،
والاقتصادية، وما يبدو في المظهر قد لا يدل على الجوهر، والمقارنة
كأسلوب للفت نظر الآخر لشيء تحبه يفتح الباب بلا داعٍ لمشاكل،
الكل في غنى عنها، والأفضل أن يكون الحوار بين الزوجين يُبدي
فيه كل طرف رغباته وتوقعاته بألطف السبل الممكنة، وفي الوقت
المناسب... وكلمة المناسب هنا تعني ألا يكون الطرف الآخر قد وصل
حالًا من العمل للمنزل مجهدًا، فتبدأ الزوجة على سبيل المثال
نقاشًا أو حوارًا معه، ومع عقله الذي مازال مجهدًا من الدوام قبيل
أن يستريح، أو يتناول من الطعام ما يحتاجه، وكأن العالم سوف

ينتهي الآن، أو أن الموضوع لا يتحمل الانتظار، فيجب أن نتذكر دائمًا أن أفضل النتائج تستلزم اختيار أفضل الأوقات.

كذلك الزوج الذي يرى زوجته مشغولة بإعداد الطعام، أو العناية بالأطفال، والجري من أحد أركان المنزل إلى الآخر، ويطلب منها المزيد من الأعمال، وكأن لها أربعَ أيدٍ، وعقلين، فيجب أن يفكر مرة أخرى، فقد يكون من الأفضل فقط أن يدعها تنجز أولًا ما تريد أن تنجزه.

12- الجدل

الجدل من علامات النهاية، فالجدل المقصود هنا ليس التشاور في الأمور الحياتية كأي زوجين ينسقان حياتهما معًا، بل هو في صغائر الأمور، ويستمر التمادي في ذلك على مدار الحياة، مثال ذلك: رأي الزوجة بطريقة ركن سيارة الزوج فقد يكون تعليقًا عابرًا، وقد يكون نقدًا وتكرارًا لتوافه الأمور، أو على سبيل المثال اختياره لمحل دون آخر لقص شعره، وهو من الأمور التي لا يوجد فيها خطأ، ولا يوجد بها صواب فكلها نسبية، ولا فائدة من الجدل فيها، ويجب ألا تكون مجالًا للجدل؛ لأن الحياة فيها ما يكفيها من الأمور الأهم، وكأن الدنيا قد خلت من المشاكل والأمور الجادة، أو أنه قد حان الأوان؛ لتضييع مجهود الزوجين وطاقتهما في صغائر لا يوجد فيها صواب أو خطأ.

إذا شعرت أن الطرف الآخر يفضل أن يقوم بشيء ما بطريقته، وأنه لا يتقبل بسهولة التغيير لِمَا اعتاد عليه، فالأسلم والألطف أن ندع المركب تمر في سلام، ولا نخلق مشكلة من لا شيء.

ما يزيد من الطين بلة هو الجدل في وجود مشاهدين أو أفراد من أي من العائلتين، أو غرباء في مكان للتسوق، أو ما شابه، فيجب الحرص من ذلك، والحكمة في هذه المواقف مطلوبة.

13- الاتفاق

في نهاية كل حوار – تبادل لوجهات النظر – وفي حالة عدم الاتفاق؛ لا يتوقع أن يستمر الحوار أو الاختلاف إلى مالا نهاية.

الحوار بين زوجين أمر لطيف لشخصين اختارا بعضهما البعض؛ ليعيشا سويًّا، وفي النهاية يجب أن ينتهي الأمر بالاستقرار على رأي من الاثنين، أو يتنازل أحد الطرفين للوصول لرأي وسط.

هناك الكثير من الأمور البسيطة، والتي قد يقرر الزوجان رأيهما فيها بدون أي مشاكل، وهناك أمور تستلزم الحوار؛ لأنها تؤثر على الزوجين معًا، وعلى حياتهما المشتركة.

فإن أمكن أن يكون هناك ما يشبه العقد غير المكتوب بين الزوجين، أنه إذا فُتِحَ موضوعٌ للنقاش، فإن أحدهما سرعان ما سوف يتفق مع الآخر ما أمكن، فهذه الحياة حياتنا، وهذه الأوقات التي تمر هي أوقاتنا، ونحن إما أن نصلحها، أو نفسدها لنا.

بعض الزوجات يفضلن أخذ آراء أزواجهن باستمرار في أمور قد سهلت، أو قد صعبت، قد يكون هذا بسبب قدر من القلق، أو الرغبة في الشعور بالاطمئنان، أو قد يكون هذا بسبب الرغبة في مشاركة الحياة اليومية مع الزوج، والتسامر، والمشورة، وكل هذا يتم بالتوافق بين الزوجين في جو ود، وحب، ولطف.

14- القيادة

هناك الكثير من الرجال الذين يتميزون بشخصية قوية أو قيادية بحكم الوظيفة، أو ببساطة نتيجة تكوين شخصيته، إلا إنه بحكمة منه يدرك أن الزوجة تجيد إدارة المنزل، أو تفضل إدارة المنزل بأسلوب يتماثل مع تفكيره.

فنظرًا لذكاء وحكمة الزوج فهو لا يتدخل، أو يناقش الزوجة، فتستمر هي في الإدارة التي يباركها الزوج، فهذا لا يعني الإهمال من طرف الزوج، أو الترك المتعمد لمهمات الإدارة، بل على العكس، فهو يوفر المجهود لما يستحق الجهد، مثل: توليد الدخل للأسرة، وحماية مستقبلها، وحتى لا يزعج الزوجة التي تفضل الإدارة، وهذا لا يمنع من أنه إذا رأى فكرة، أو رأيًا مختلفًا، أن يبديه لزوجته التي تقدر منه اختيار المواقف التي تستدعي ذلك.

على النقيض قد يكون تدخل الزوج في شؤون المنزل مبالغًا فيه، ولا داعيَ له، كالتدخل في شؤون إعداد الطعام بتفاصيلها،

وما شابه ذلك، وهذا قد يسبب إزعاجًا للزوجة، وإضاعة الوقت، والجهد، وحدوث المشاكل.

أما إذا كانت القيادة المقصودة هنا هي المبادرة بأخذ قرارات متعلقة بالمنزل، والمدارس، والأولاد....، تتم من طرف الزوجة التي قد لا تأخذ رأي الزوج، أو قد تسأله عن رأيه، ولا تعيره اهتمامًا على الدوام، فهذا يسبب المتاعب، فإن كان الزوج ممن يحبون إبداء الآراء، ويفضّل أن يستشار، فمن اللائق أن يتم ذلك بالأسلوب المتفاهم اللطيف، وفي حالة عدم الأخذ برأيه توضح الزوجة السبب الذي يتفهمه الزوج المتعقل الحكيم.

إظهار أحد الطرفين للآخر بأنه أخطأ خطأً جسيماً، أو أن آراءه دائمًا غير سديدة على الدوام يختلف عن إظهار الأمر بأن ما حدث هو مجرد أمر عرضي، ونتج بصورة غير متوقعة؛ لأن معطيات الموقف لم تكن واضحة.

فالأسلوب اللبق يقلل من إحراج صاحب الرأي الذي تبعه الخطأ، والذي بدوره يلفت نظر الطرف الآخر بأسلوب راقٍ لتفادي الإحراج.

ومع ذلك يمكن المواجهة الواضحة بأن شخصًا ما أخطأ، ولم يكن على دراية بأمر ما بمنتهى البساطة، إذا وُجِدَ تفاهم كبير بين الطرفين، وحكمة، وتَفَهُّمٌ أن الطرف الآخر سوف يتفهمني.

ففي هذه الحالة يكون عادة رد الفعل متوقعًا؛ نظرًا لقرب الطرفين من بعضهما البعض، وبهذا لا يحدث شرخ في العلاقة بينهما، وترى الكثير من هذه الحوارات بين الأزواج الذين يتميزون بقربهما من بعضهما، وبالسلاسة في التعامل، فهم يختلفون بحب ومودة.

15- التعامل التجاري في الزواج

في بعض البلدان تجد أن أكثر من أسرة كلهم مشاركون في أعمال تجارية لا يُعرَف لها أول من آخر، وخاصة في بعض الطبقات المادية الفقيرة البسيطة، والتي تكتسب قوتها يومًا بِيَوْمِه، وإذا غاب فرد عن العمل هب من يقوم بدوره؛ لأن المجموع لا يتحمل انقطاع الرزق أكثر من يوم أو يومين، كمن يحترفون الأعمال التجارية البسيطة.

أما إذا كان الزواج بهدف تقريب الأعمال التجارية أكثر، أو لإضافة ثروة إلى ثروة، فإن أي خلل في هذا العمل سوف ينعكس بالتبعية على العلاقة الإنسانية (الزواج).

قد تكون علاقة زواج مستمرة برفق وسلاسة حتى يقرر أحد الطرفين الاستفادة من الطرف الآخر، إما بعرض المشاركة في عمل أو ما شابه.

فكلما أمكن تفادي ذلك كلما كان ذلك أفضل؛ حتى تنمو العلاقة الإنسانية طبيعية خالية من الماديات والخلافات.

16- أقارب الزوج وأقارب الزوجة

أقارب الزوج جزء لا يتجزأ من الزواج، وبالتدريج، وبمعرفة عادات وطباع أقارب الزوج، وظهور نقاط التلاقي في الطباع والعادات، ونقط الاختلاف، يتم رسم العلاقة، والخطوط التي تسير عليها العلاقة مدى الحياة.

فقد يكون أهل الزوج هم من رشَّحوا العروس لابنهم لما يرونه فيها من الخصال الحميدة، وحسن الطباع، أو لما قد سمعوه عنها من الأمور الطيبة... وهذه علامة طيبة تدل على القبول، والتلاقي، وتبشر بالخير.

المهم في الغالب أن تكون العلاقة مع أهل الزوج متزنة بلا تدخل في حياة زوجة الابن، أو سلب حقها، أو قدرتها في إدارة منزلها باستقلالية، وعادة ما يكون ذلك بالنصيحة التي قد تكون متكررة، أو غير مرغوب فيها للزوجة.

ويجب هنا تغليب العقل والحكمة على الهوى الشخصي، والرغبة في إضافة لمسات من النصائح لزوجة الابن، والتي قد لا تناسبها هذه النصائح، فكل منا أدرى بما يناسبه في حياته.

فالأفضل لأهل الزوج إن أرادوا النصح أن يكون هذا بعد التأكد من أن حسن علاقتهم مع زوجة الابن سوف تسمح لها بتقبل النصيحة منهم، وإن لم يكن أهل الزوج على ثقة تامة أن العلاقة بينهم وبين زوجة الابن على قدر من المتانة يسمح لها بتقبل النصيحة منهم، فالأفضل التروي مادام الأمر نسبيًّا، ولن يؤدي إلى نهاية العالم.

لا داعي لنصيحة تقدمها كأنك تلقي حجرًا، ولا داعي لنصيحة تقدمها، ويغلب على ظنك أنها سوف تسبب مشاكل أكبر.

في كثير من الأحيان يكون الصمت خير علاج، وهو صمت إيجابي لا يعبر عن الغضب، ولكن يعبر عن الحكمة، وتمنّي الخير للآخر، ويجب ادخار النصيحة لوقت آخر، أو حتى التنازل عنها إذا غلب على ظني أنها سوف تؤدي لضرر أكبر، فلا داعي لتكرار النصيحة مادام أنها قد قُدِّمَتْ سالفًا.

بعض النصائح يمكن تقديمها بقدر من اللطف والرقة، مما يجعل السامع يسعد، ويشكر لك النصح.

حسن معاملة الزوجة لأهل الزوج من أسباب إدخال السرور على قلب الزوج، ويزيد من إعزازه لزوجته، والزوجة الذكية تستطيع تطويع هذا الأمر لصالحها، وتعلم أنه بحسن التعامل مع أهل الزوج، فإنها تصيب عصفورين بحجر واحد.

وفي النهاية، هذه العلاقة مع أهل الزوج قد تزيد، أو تقل حسب التقبل الشخصي لكلا الطرفين للآخر، المهم هو الاتزان كي تستمر عجلة الحياة.

في بعض الأحيان تكون زوجة الابن تسكن مع أهل الزوج لفترة طالت أو قصرت، ومن أهم عوامل تجنب المشكلات في هذه الظروف مراعاة الحدود، والخصوصية.

17- الخلافات، والفروق في التدين

الفروق البسيطة لا داعي لأن تتجاوز حجمها الطبيعي، وتصبح مشكلة تعكر صفو الحياة الزوجية، ما دام الطرفان على المستوى الذي يعرفه كل منهما عن الآخر مِن التدين قبل الزواج، فكل شيء بعد ذلك يصبح هينًا أمره.

أما عتاب الزوج لزوجته أو العكس، بسبب اختلاف ما في أمر بسيط فقد يؤدي هذا إلى الجدل، وإلى ما لا تحمد عقباه.

وقد يمتد الأمر إلى تكرار ملاحظة ما باستمرار، أو وصف أي من الطرفين للآخر بما لا يحبه.

ما دامت الأمور الأساسية في مستوى التدين مستقرة، فلا داعي لجلب نقاط للخلاف؛ لأن الحياة الزوجية فيها ما يكفي من المسؤوليات.

وعلى سبيل المثال، قد تقول الزوجة لزوجها: احرص على العبادة، فالصبر هنا، وحسن المعاملة، واللطف – إن شاء الله –

سيكون له أثر طيب في نفس الزوج، مما يجعله يُقْدِم بسعادة وحرص على هذه العبادة، أما العتاب الصريح القوي فإنه يغلق أبواب الخير المرجوة.

نعلم جميعًا أننا يجب أن نكون قدوة لأبنائنا؛ لأن التعليم بالمشاهدة والملاحظة منذ الصغر يترتب عليه غرس قيم، وعادات، والتعود على العبادات مدى الحياة؛ ولذلك فليعاون بعضنا بعضًا على ذلك بلطف، وحب، ومودة.

18- العادات غير الصحية

العادات غير الصحية كالتدخين، وقلة ممارسة الرياضة، والطعام غير الصحي، قد تنشأ بعد الزواج، أو قد تكون موجودة من قبل الزواج.

والعادات غير الصحية عديدة ومتنوعة، وهي كل سلوك يقوم به الإنسان، ويترتب عليه عواقب غير صحية.

المهم هنا هو المشاركة لبعضنا البعض في القيام بكل ما هو صحي، بالتشجيع، والنصح لبعضنا البعض، مثال ذلك: زوجة تجعل الخضروات جزءاً لا يتجزأ من طعامها، وزوج يشارك أسرته في المشي الرياضي، وهكذا...

19- المرض

المرض، وتغير الحالة الصحية أمر لا مفر منه في الحياة، وهو مجال للتضحية؛ لكي يقدم أي من الزوجين كل ما يستطيعه من أجل مساعدة الآخر، والتعبير عن الحب، والوفاء للطرف الآخر.

كم من الأزواج قضَوْا فترات طويلة في رعاية الآخر، وتقديم كل ما هو غالٍ ورخيص، والتضحية بالمال الزائل من أجل مساعدة وإسعاد شريك الحياة الدائم.

كم من الأزواج ضحوا بأوقاتهم، وأجَّلوا شؤون حياتهم كالامتحانات، أو البعثات من أجل الاطمئنان على شريك الحياة.

المرض بالرغم من كونه محنة إلا أنه قد يكون سبيلًا لمعرفة معدن شريك الحياة.

20- التقدم بالسن

أسس العلاقة الزوجية تبدأ من أول يوم زواج، حينما كان الزوج رشيقًا، وسيمًا، والزوجة فيها ما ارتضاه الزوج، وابتغاه في شريكة حياته من حسن الخلق، والخلقة.

ولكن بعد ثلاثين عامًا من الزواج، وبعدما تغير الزوج من هذا الشخص الوسيم إلى شخص بدت عليه علامات وآثار العمر، وقد تكون العادات الغذائية، والعمل الشاق، ومسؤوليات الحياة التي تزيد ولا تقل، قد تركت بصماتها عليه، والزوجة كذلك، قد تغيرت لأسباب طبيعية، منها إنجاب الأطفال، والعمل – إذا كانت الزوجة تعمل – ومسؤوليات عديدة قد تركت أثرها عليها.

ومع ذلك تجد الزوجين متقاربين متفاهمين كل منهما يقدر ويدرك قيمة الآخر مهما تغيرت ظواهرهما؛ لأن ما بينهما أكبر بكثير. ما بينهما هو فهم كل منهما للآخر، وتقدير الظروف، فهذه الزوجة تعلم متى، وأين، وكيف تخاطب زوجها بخصوص مشكلة، أو أمر

مهم، أين وكيف ومتى تتركه يرتاح؛ لأنه حقًّا بحاجة إلى هذه الراحة في هذا الوقت، وفي هذا المكان.

فهذه الزوجة علمت زوجها جيدًا، وتعلم أنه هو حجر الركن في حياتها، وأنه لن يتوانى عن دعمها، وأنها هي راحته، وسر سعادته، وأن الحياة كلمات، ومواقف، وذكريات، وأماكن، وصمت، واستماع.

فالصمت قد يكون استماعًا إيجابيًّا ومتابعة، وقد يكون احترامًا، وقد يكون تقديرًا أو حبًّا، وقد يكون عنادًا، أو تحديًا، أو عنفًا صامتًا.

كذلك الزوج، فكل علاقة فيها طرفان، والزوج كطرف في هذه العلاقة قد أدرك عادات زوجته، واهتماماتها، فعاونها، وأحبها، ولم يتوانَ عن ذلك.

الحياة ليست كلها مواقف حب وسعادة وتقدير، فالحياة بها خلافات، ولكن يجب أن يكون لكل خلاف سقف، ولكل مشكلة طريق رجعة، فإن احتدم الخلاف بين الزوجين يجب ألا يتعدى خط اللا رجعة.

21- الاهتمام بالنفس، والمظهر، والأسلوب

من أهم عوامل الانجذاب بين كل زوجين عامل المظهر، والملبس، وأسلوب الكلام، السكتات، والكلمات، وحسن الاستماع، والضحك المهذب، والمرح، تستطيع أن تقول: إن عوامل الانجذاب من المظهر، والأسلوب هو كل ما بدر منك قبل الزواج؛ من أجل ذلك تجدر المحافظة على ذلك بعد الزواج.

قد يصارح الزوجان بعضهما بما حاز على إعجاب كل طرف، ومن ذلك يستطيع كلا الزوجين المحافظة والمداومة على هذه السمات الطيبة، والتي إن شكرنا أحدًا عليها بعد الله نشكر العائلة الكريمة التي هذبت وعلمت هذه الشخصية، حتى أصبحت على ما هي عليه الآن.

22- الصلاة والتدين أسلوبا الحياة

بلا أدنى شك، وبدون جدال، كلما كان المرء قريبًا من الله كلما كان أقرب للسعادة في الدنيا قبل الآخرة.

فمن يمر بمشاكل ومنعطفات الحياة، ويلجأ إلى الله بالدعاء والصلاة، يتوقع له الإجابة من الله – سبحانه وتعالى – لأنه هو الخالق المدبّر، وهو مقلّب القلوب، ومغيّر النفوس.

إذا كان في صحبتي من هم مصلون، وقريبون من الله، فالمتوقع منهم هو النصح الرشيد الصادق، والعكس بالعكس.

الصلاة – والتدين أيضًا – لا يجب أن تكون عاملًا من عوامل المقارنة بين الزوج والزوجة، أو التفاخر، فالأصل في التدين التواضع لله، وعدم الاستعلاء على الناس.

دعوة واحدة صادقة من القلب لله – سبحانه وتعالى – قد تكون الحل لمشكلات عديدة قد حاولنا فيها، ولم نوفق، ولكن الخالق – سبحانه وتعالى – يملك مفاتيح القلوب.

23- الوقت بين أصدقاء الزوجة، والوقت للزوج

هناك وقت تقضيه الزوجة مع صديقاتها، ويساعد ذلك على تجديد العلاقة الزوجية بقتل الملل؛ لأن التقاء الزوجة بصديقاتها، ودعمهن لبعضهن البعض يساعد إيجابيًا في تطوير الحياة، وتجديدها، والتشاور الإيجابي الذي لا يمس خصوصيات الحياة الزوجية.

وكل صديقة من صديقات الزوجة قد تكون متميزة عن الأخرى بصفة أو مهارة ما، فما تستشير فيه الزوجة إحدى صديقاتها قد يختلف عما قد تخاطب فيه صديقة أخرى، المهم في كل ذلك أن يكون بحكمة، وبدون أن يؤثر ذلك على وقت البيت، فأعمال المنزل، وإعداد الطعام، والاستعداد للزوج يتطلب ترتيب الأولويات، فالزوج، والمنزل، والأولاد هم دائمًا أولوية كل زوجة رشيدة.

من الصحي والمفيد الحفاظ على صداقات الزوجة بعد الزواج، ولكن الإطار الزمني هنا يختلف.

وكذلك على الزوج أن يجعل للأصدقاء وقتًا، ولكن أوقات المنزل يجب ألا تكون أقل في الأهمية لديه، ويجب أن تكون أوقات الخروج مع الزوجة، والترفيه للأولاد، والتسوق مع الأسرة مصونة، فهي تأخذ حيزًا كانت تشغله مجموعة أصدقاء الزوج أيضًا قبل الزواج، أما الآن بعد الزواج فالأمر يختلف.

24- الوقت بين أهل الزوجة والزوج

أهل الزوجة وقتهم هام، وهو من صميم صلة الرحم، ولكن لا تشغل زيارة شقيقة الزوجة الزوجة مثلًا عن مهام في المنزل.

كذلك الزوج يبر والديه، وأسرته، وتساعده الزوجة التي تتفهم هذه الأمور على ذلك، ويستطيع الزوج أن يحافظ على وقت أسرته مع بره لوالديه.

خروج الزوج أو الزوجة مع الأشقاء، أو الشقيقات، أو زيارة الأبوين أيضًا من صلة الرحم، وله دور هام في التغيير، وتعديل المزاج، ولكن لا يجب أن يخل ذلك بواجبات المنزل.

25- السفر مع الزوج للعمل

من أكثر أنواع السفر في مراحل الزواج المختلفة، وخاصة في بدايات الحياة، السفر للحصول على الدرجات العلمية، أو لزيادة الدخل المادي.

والسفر في حد ذاته مشقة سواء قرب أم بعد، لما فيه من تغيير، وتغير في الناس، والعلاقات الاجتماعية، وأماكن العمل، والدور في الحياة، والحاجة لإثبات الذات في مكان عمل جديد..

الوضع الأسري يختلف من أسرة لأخرى لأسباب عديدة، من حيث وجود الأطفال، ومراحلهم السنية مثلًا، فكلما صغر الأطفال كلما زادت حاجتهم لرعاية الأم، والاتفاق دائمًا بين الزوجين أفضل من المفاجآت، والطلبات، والتطلعات غير المتوقعة.

طبيعة عمل الزوج من حيث ساعات العمل، والمشقة، والسفر يجب مراعاتها، ولا يثقل عليه من المتطلبات في الغربة التي قد لا يطيقها بسبب وضعه المالي عند الوصول.

هناك الزوجة التي لا تعمل، أو تقرر عدم العمل في الغربة من أجل استقرار الأسرة، والعناية بالأطفال منزليًّا، وأسريًّا، ودراسيًّا.

الزوجة التي تصر على العمل في غربة يعمل فيها الزوج، يؤدي إلى تشتت كيان الأسرة، وكيان الأطفال.

وهناك أيضًا الزوجة الحكيمة، وهي التي تقدر وتفهم معنى كل مرحلة من مراحل حياة الأسرة، وأن الزوج هو المسؤول الأول عن الدعم المادي، وأنها هي المسؤولة عن رعاية الأسرة، وأن أي قرار يجب أن يكون بالمشاركة والاتفاق بين الزوجين، وألا ينفرد أي طرف باتخاذ القرار؛ فحياة الأطفال، واستقرارهم ليس مجالًا للعبث، أو المغامرات.

26- لا تقل ذلك أبدًا

* مقارنة الزوجة زوجها برجل آخر أو العكس، سواء أكان هذا في إمكانات مادية، أو سلوك، أو مظهر، أو ما شابه.

* مقارنة الزوج زوجته بأهله، مقارنة للانتقاص من شأنها؛ لأنهم أفضل منها في أمر أو آخر، والعكس انتقاص الزوجة لزوجها عن طريق مقارنته بأهلها في أمر أو آخر.

* وصف أي من الزوج أو الزوجة عائلة الآخر وصفًا معيبًا.

* وصف الرجل في أوقات الصعوبة المادية بما يقلل من شأنه.

* عند التقدم بالعمر، أو عند حدوث تغيرات تصاحب التقدم بالسن، فليحرص الطرفان على عدم المزاح بما يسيء للآخر.

* إخبار طرف للطرف الآخر (أثناء الغضب) أن اختياره للزواج كان أسوأ اختيار، فهذه الكلمات لا تُنْسَى.

* لا تقل عند الخلاف ما لا يستطيع الطرف الآخر نسيانه، واترك دائمًا خطًّا للرجعة، فالأمور تتغير دائمًا، ولا تستمر الحياة على وتيرة واحدة.

* لا تصف الطرف الآخر وصفًا حصريًا، مثل أنه متساهل دينيًّا، فالأفضل أن أشجع الطرف الآخر بفعل ما أتمنى عن طريق تأدية العبادات أمامه، والصبر عليه، وإن طال شهورًا وسنوات، فهذا أفضل من وصفه، وانتقاصه، وبناء جدار من الحساسية، ثم العناد، والفشل؛ فلا تستمر العلاقة، ولا يستفيد الشخص، فقد انتصر العناد.

كل شيء أقوله يجب أن يكون لسبب بَنّاء، فمجرد التعليق الجارح غير الهادف لا يكفي إن غلب على ظني أن النصيحة لن تُقْبَل، أو أن الوقت غير مناسب، فيجب أن أفكر مرتين، فالعالم لن ينتهي إن أجَّلتُ النصيحة.

27- الخلاف بين الزوجين

الخلاف يحدث بسبب اختلاف الطباع الشخصية، والعادات، وردود الأفعال.

الاختلاف في وجهات النظر قد يحدث في أمور حياتية بسيطة، مما لا يمكن وصفها بالخطأ أو الصواب؛ لأنه لا خطأ ولا صواب فيها، كتناول الطعام هنا أم هناك.. نشاهد هذه القناة أم تلك.. نتسوق من هذا المكان أو مكان آخر... كلها أمور لا خطأ فيها، وكل الحكمة في عدم إهدار المجهود فيما لا يفيد، والاستعداد للأمور الهامة.

الخطأ ينشأ من جواب أو رد بأسلوب غير مناسب، أو غير لطيف في أمر هين. كذلك الخلاف لأسباب جوهرية وقوية، حتى وإن حدث فليس هذا نهاية المطاف؛ لأن الحوار الراقي الهادئ هو أسلوبنا، فالكلام أخذ وعطاء، ولا مانع أن أقتنع برأي لم أكن مقتنعًا به سابقًا، لو رأيت فيه ما لم ألاحظه في بداية الأمر، أو أضاف لي معلومة، وأفقًا متسعًا ومختلفًا لرؤية موضوع ما كنت

أراه بصورة ضيقة، أو رؤية محدودة، مجرد إخبار الزوج للزوجة على سبيل المثال، أو العكس أني غيرت رأيًا لي، والآن أتفق معك بناءً على هذا وذاك، فإن ذلك كله يؤدي إلى اقتناع الطرفين أكثر بصلابة العلاقة بينهما.

28- عند حدوث الخلافات

تبرز المشاكل إذا افتقد أحد الأطراف القدرة على الاعتراف بالخطأ، مثال ذلك: قول "لست أدري لماذا فعلت ذلك"، "أعترف أني كنت مرهقًا أو متعبًا فقلت ذلك.. أنا تصرفت بتسرع بناءً على اعتقادي الخاطئ كذا، وكذا".

توجد آليات وطرق عديدة للتعامل مع المشكلات إذا نشبت داخل الأسرة، وتختلف باختلاف الثقافات.

المستوى الأول هو محاولة الزوجين حل المشكلة معًا، وهذا يحتاج إلى تجرد في الحق، أو ببساطة، وبكلمات سلسة، إذا أخطأ أحد الزوجين أو كلاهما، يجب أن يتجرد كل طرف من الرغبة بأن يبدأه الآخر بالصلح، وكأنه على صواب بالرغم من كونه مشاركًا في الخطأ، أو مخطئًا منذ البداية.

قد يستحيي أحد الزوجين من أن يظهر بمظهر المخطئ أمام الأهل، وقد يضطر لتغيير حقيقة ما حدث لحفظ ماء الوجه، وهنا تتعقد الأمور.

لحل أي مشكلة يجب أن يكون هناك رغبة فعلية في حلها، ورغبة في الاعتراف بالخطأ، أو على الأقل وصف ما حدث للأطراف المحايدة كأهل الزوج، أو أهل الزوجة لتولي تقدير الأخطاء، وتحديد كيف يمكن حلها.

أو التجرد، ويعنى أيضًا التخلي عن العناد، فبعض السمات التي اكتسبها الزوجان قبل زواجهما قد تكون لا تزال موجودة، فالزواج قد لا يمحي جانبًا من السمات الشخصية الموجودة قبل الزواج.

المهم هنا أن السمات السلبية إن وُجِدَتْ قبل الزواج، مثل الرغبة في أن أبدو على صواب حتى وإن كنت على خطأ بأي ثمن قد يدمر الزواج.

ولكي يتمكن الزوجان من حل مشكلاتهما بدون تدخل من الأهل ينبغي أن يكونا ناضجَيْنِ ومتجردَيْنِ للحق.

فلن ينتهي العالم إن قال أحد الزوجين: إني تسرعت بقول ذلك، أو أنا فهمت ذلك خطأ، أو كان يجدر بي فعل هذا بدلًا من ذاك.

هذه الصراحة والوضوح في التعامل تجعل كلا الزوجين مستريحًا أثناء التعامل مع الطرف الآخر، ويشعر أن النضوج سوف يَحُولُ بينهم وبين المشكلات الكبيرة.

29- المشاركة في الأعمال المنزلية

قد يكون العمل بسيطًا، ولكن التوقيت الذي اختاره الزوج لتقديم المساعدة عظيم، والأجمل هو الاستمتاع بالصحبة، والمشاركة، وتمضية الوقت معًا، ورسم الذكريات الجميلة في الحياة الزوجية.

المشاركة في الأعمال المنزلية هنا الغرض منها رومانسي، وقد يكون الزوج مثلًا في وقت الراحة، والزوجة منهمكة في أداء عملٍ ما، وتكون مساعدة الزوج مشاركةً، وارتباطًا، ومحبةً.

30- التعامل مع الغرباء

أثناء التسوق، وأثناء التعامل مع الغرباء قد تأتي لحظات للتعامل مع الجنس الآخر، والكثير من الزوجات يتوقعن أن يجنبهن الزوج التعامل في البيع، والشراء، والتعامل مع رجل غريب.

فهو معها للقيام بهذه الأمور التي بالرغم من بساطتها، إلا أنها ترسم مظهر الرجولة، والحماية، والستر.

تختلف الثقافات، والتوقعات من بلد لآخر، ومن ثقافة لأخرى، وتبقى بعض المعاني لترسم صورة الرجل كإطار قوي يحيط، ويحمي صورة جميلة هي الزوجة.

31- زملاء العمل

زملاء العمل سُمُّوا بزملاء العمل لسبب، في بعض الأحيان قد تكون علاقة العمل سببًا في إحداث توتر أو عدم استقرار بالمنزل، مثال ذلك: إذا كان الزوج على سبيل المثال كمعظم الناس منا يشاركه في العمل زميلات، أو العكس، إذا كانت الزوجة تعمل، وقد يشاركها في العمل زملاء رجال.

بالطبع كل طرف يثق بالآخر، ويعلم مدى إخلاصه، وأخلاقه، ولكن في بعض الأحيان طمأنة الطرف الآخر إذا لزم الأمر قد تفيد، وتنشر الطمأنينة.

بعض زملاء العمل قد تصيبهم الغيرة؛ بسبب نفس غير سوية، أو بسبب تجارب زواج لم يكتب لها النجاح.

فقد يعمد البعض لإثارة القلاقل في حياة الزملاء ذوي الحياة الاجتماعية المستقرة، وقد يكون ذلك بسوء النصح، أو بتكبير الأمور إذا ذكرت مشكلة اجتماعية أمام هذا الزميل، أو هذه

الزميلة، فقد يتعمد البعض لسبب أو لآخر إلى وضع الآخرين في مشاكل اجتماعية.

لن تتخيل كيف أن أناسًا يبتسمون، ويظهرون المودة، وهم قد يشعرون بعدم السعادة إذا تكلم زوج بكل التقدير عن زوجته، وكيف يشعرون بطمأنينة زائفة إذا سمعوا أن البعض يمر بضائقة في الحياة الزوجية.

وسوف تصاب بالاندهاش إذا علمت أن بعض هؤلاء الذين يعملون معك قد يسرهم رؤية الآخرين في كرب؛ ولذلك فالحذر من ذكر الخصوصيات في العمل أو لزميل لم يرتقِ بعد ليكون صديقًا حقيقيًا مخلصًا.

زملاء العمل <u>محلهم العمل</u>، إلى أن تثبت المحبة والأخوة.

32- الاستمتاع باللحظة والوقت

كل لحظة تمر في هذه العلاقة النبيلة الجميلة تمُر، ولا تعود مرة أخرى، فكلما أمكن أن نجعل هذه اللحظات جميلة لتبقى إلى الأبد، كلما كتبنا لنا ولأبنائنا سطورًا لسعادة تدوم طوال العمر.

وكذلك المنزل وأركان المنزل، فكل أرجاء المكان ترتبط بها كل الذكريات، أماكن لعب الأطفال، وضحكاتهم، وذكرياتهم تجعل المكان أجمل وأرحب مكان، مهما صغرت أرجاؤه، كبرت واتسعت بجمال وعظمة ذكرياته.

هذا الركن حيث كان الأطفال يلعبون، وهنا حيث كانوا يؤدون واجبات المدرسة، وهنا نتناول طعامنا، وهنا وهناك كانت ولاتزال أجمل الذكريات.

لنحرص جميعًا على جعل بيتنا بيتًا لأجمل اللحظات السعيدة لحظة بلحظة، ولا نستهين بها، فكل لحظة سعيدة هي جزء من حياة سعيدة، وما الحياة إلا نهر من هذه اللحظات السعيدة بسعادة الأب، والأم، والأبناء طوال العمر.

33- التباهي والتفاخر

لست أدري فائدة التباهي في الزواج، التباهي بكبر العائلة، وكثرة عدد أفرادها، وندرة ورفعة مناصبهم، وكل هذه الأمور التي لا تخدم أيًّا من الأغراض النبيلة في الزواج، بل قد تجر العلاقة النبيلة إلى سباق خفي في الكلمات، بمناسبة وبدون مناسبة، وتجفف ينبوع الجمال والرقي في هذه العلاقة الجميلة.

ما أجمل أن ينتهز الرجل أو المرأة المناسبة اللطيفة للإطراء على شيء قدمته عائلة الطرف الآخر، أمر قد يكون كبيرًا أو صغيرًا، لكن تقديره يعني الكثير للطرف الآخر، ويكون سببًا لإدخال السرور على قلبه، ويكون أدوم، وألطف للعلاقة.

وقد لا تحتاج فعليًّا أن تكثر من الإطراء لإثبات شيء، فقد يكون ما تُكِنُّه معروفًا، ولا يحتاج كل ذلك.

وأيضًا حسن النية مطلوب، فليس كل ما يذكره الناس عن حُسْن سيارات، أو اكتمال جمال المسكن، غرضه التباهي، فقد أكون أنا سيء النية، فالكثير من الناس يتحدث بتلقائية،

وببساطة، والبعض الآخر قد يسعده أن يتباهى بسبب بساطة نشأتهم ماديًا واجتماعيًا، ويجدون التباهي منفذًا لتسكين الألم الماضي، والظهور بمظهر يودون الظهور فيه؛ لذلك فيجب علينا الحكمة، والروية.

في النهاية، الاتزان فيما نقوله من جانبنا، وإحسان الظن بالآخر من عوامل السعادة والنجاة.

34- مال الزوج

من الجميل في مجتمعنا الحرص من الزوجة على مال الزوج،
فهو يتعب، ويكد، وهي في النهاية الزوجة، وشريكة الحياة، فهي
التي تحافظ على مال الزوج، وتقتصد وتدبر، فمال الزوج هو أمانة
يجب إنفاقها في أوجهها التي اتفقت عليها الزوجة مع زوجها.

الإنفاق بما يتناسب مع المستوى المادي للزوج وقدراته، وعند
تغيير أوجه الإنفاق يجب استئذان الزوج.

مصاريف البيت، والمصاريف الشخصية، ومقدارها يتم
الاتفاق بين الزوجين على ذلك.

الاحتفاظ بسرية وخصوصية النفقات المنزلية أمر هام، ولا
يذاع إلا لسبب قوي يوافق عليه الزوج.

من المهم أن تحرص الزوجة على الروح المعنوية للزوج،
وخاصة إذا كان يمر بظروف مادية خارجة عن إرادته، فإشعار
الزوج بأنه مقصر، ولا يكفي حاجة منزله المادية أمر مؤلم، والحياة

تتغير، والظروف المادية تتغير من مرحلة لمرحلة أخرى، ووقوف الزوجة بجانب زوجها خلال مراحل الحياة المختلفة يجعل العلاقة الزوجية والإنسانية لا ينفصلان عن بعضهما البعض، ويقدر الزوج لها ذلك.

الزوج مدرك؛ لهذا يتركها تعمل في حرية، ولا يتدخل في شؤون إنفاقها على مطبخها، أو التفاصيل التي تعني بها المرأة، والتي تعد من صغائر الأمور.

ما دامت الخطوط العريضة للإنفاق على المنزل واضحة وبلا إسراف، فبالطبع لن يكون هناك داعٍ، أو مجال للخلاف.

وكأمر بديهي إذا كان هناك سبب لإنفاق مبلغ أكبر من المعتاد من المال، فإن الاستشارة بين الزوجين هي أفضل السبل لاتخاذ القرار.

35- مال الزوجة

في بعض الأحيان، وتحت ظروف مادية قهرية، قد يتفق الزوجان أن تقوم الزوجة بالمشاركة المادية في الحياة، المهم أن يكون متضحًا منذ البداية طبيعة العلاقة المادية، هل هي مشاركة مؤقتة؟ أم أن الأمر سوف يستمر كذلك؟ وأن الزوجة نظرًا لهذه الظروف لا مجال للحياة إلا بالزوجين معًا، يعملان، ويكدان، وينفقان على المنزل سويًّا.

يجب أن يكون واضحًا من البداية، هل الأمر مساعدة تتوقع الزوجة من الزوج أن يعيدها في يومٍ ما، أم أن الأمر سوف يستمر كذلك.

فاتضاح هذه الأمور في غاية الأهمية لضمان استمرار الحياة الزوجية بأمان ووضوح.

36- زوج الابنة هو بمثابة الابن الجديد في العائلة، فهو سند الابنة، وشريك حياتها، وهو مَن سوف يرعاها لسنوات جديدة تقدم

التعامل مع زوج الابنة يجب أن يكون من منطلق أنه إضافة جديدة لسعادة أهم فرد من أفراد العائلة، ألا وهي زوجته (ابنتي).

إذًا فما الجديد؟ الجديد هو أنه من المهم تفهمه، والترحيب به، وذلك يعني الاهتمام باهتماماته، والاستماع له باهتمام.

كذلك تفادي إحراجه بدون داعٍ، سواء كان ذلك عن عمد، أو بالخطأ.

الاستفسار عن شؤونه المادية يجب أن يكون بحذر، وفقط إذا كان هناك داعٍ... الحديث عن عائلته يجب أن يكون في إطار احترامي، ومناسب.

فقط تذكر أن كل ما يدور بينك، وبين زوج الابنة سوف يكون لا محالة مادة للكلام بينهما عند انتهاء الزيارة.

أنت صاحب الاختيار.. إذا أردت أن تكون سببًا لمشكلة لا داعي لها، ولجدل بينهما، أو صفاء، وهدوء.

على الأقل فليكن دور كل أب وأم في زواج الأبناء غير مسبب للمشاكل، ومحايدًا قدر الإمكان.

37- الموت

هو نهاية طبيعية للإنسان، وعندما يغادر الإنسان هذه الحياة الدنيا، ويترك شريك العمر وحيدًا، لا تبقى سوى الذكريات الطيبة والجميلة.

فليكن ما يذكر عن شريك العمر بعد الوفاة هو ذكريات تلهم الأولاد كبروا أم صغروا؛ ليكي يكون الوالدان سواء كانوا أحياء أم أموات قدوة للأبناء يحتذى بها ولكي يحتذى بكل ما قد تعلموه من والد كريم رحيم غادرهم، ولكن أفعاله ومكارمه لا تزال معهم، وليدعوا له بالرحمة، فهذا هو ما لا ينقطع من العمل للميت بعد وفاته.

38- المسافة الشخصية

هذا المفهوم شديد الأهمية، ومن أهم عوامل السعادة الزوجية.

يجتمع الزوجان تحت إطار الحب في أسرة واحدة لنهاية العمر. اختلاف النشأة، وكون الرجل رجلًا، والمرأة مرأة ينتج اختلافات صحية في العادات، والاهتمامات، وطرق قضاء أوقات الفراغ. الحكمة تكمن في إدراك أن سعادتي لن تكتمل بدون الحياة مع شريك عمر سعيد.

العمل على إسعاد الطرف الآخر يقود في النهاية إلى إسعاد كلا الزوجين، والأطفال معًا.

زوجة تترك لزوجها وقتًا لمشاهدة مباراة لكرة القدم، أو برنامج، تختلف عن زوجة تنتقد زوجها لاهتماماته الشخصية، وهواياته التي تكونت عبر السنين، وأصبحت جزءًا من شخصيته، وبالتالي تغييره، أو محاولة تغييره سيكون أمرًا شاقًا على الزوج والزوجة.

زوجة تعد لزوجها كوب شاي لِهنأ بوقته، أو تشاهد معه ما يشاهده، وتشاركه الاهتمام تختلف عن زوجة تنتقد زوجها، ثم تتركه يجتر كلمات قد أطلقتها عليه، ثم تركته فلا يهنأ بما يشاهد، ولا يسعدان معًا، بل يصبح الأمر سيئًا، وقد يستمر هذا لأيام، أو يتكرر، فتفقد الكلمات معناها، ولا يبقى إلا الألم.

قضاء وقت في المسجد، أو حضور دروس الدين، الرياضة، وزيارة الأهل، كل هذه أمثلة للمسافات الشخصية، والتي يجب ألا تتعارض مع وقت الأسرة، والمنزل.

أحيانًا يكون الغرض من طلب ما السيطرة على طرف آخر، وهذا في النهاية يؤدي لنهايات شديدة السوء.

كذلك الزوج يجب أن يدرك أن لزوجته اهتمامات قد تكون منزلية بحتة، أو اجتماعية، أو دينية، فكل ذلك من شأنه أن يجعل الزوجة أسعد، وأبهى، وأكثر قدرة على العطاء في حياتها، ومقدرة لمجهود الزوج، وسعيه لإسعادها، والزوجة السعيدة تعني حياة زوجية سعيدة، ومَن مِنَّا لا يحتاج الحياة الزوجية السعيدة.

39- القيادة والسيطرة

الزواج ليس مجالًا لأن يحاول طرف السيطرة على الطرف الآخر لهوى شخصي، أو زهو شخصي، حتى وإن سنحت الفرصة للسيطرة والتحكم بدون داعٍ.

الزواج من المفترض أن يكون علاقة متناغمة سلسة، تتميز بالتلقائية والبساطة، ولا داعي لإثبات أي شيء سوى الحب والتلقائية.

الطرفان كلاهما يساعد الآخر على الإحساس بالسعادة، وبلوغ المراد من حب في الحياة، ونجاح في العمل.

لا مجال للحصار، أو المبالغة في الزواج.

الزوجة الذكية تعلم أن الملل قد يدب في الزواج بمرور الوقت، فالسماح للزوج لقضاء الوقت مع أصدقائه وأسرته يجعله يشتاق إلى زوجته، ويجعل العلاقة متجددة، أما حصره في حلقة ضيقة حول الزوجة قد يكون سببًا للملل السريع، أو المشاكل.

وكذلك الزوج.. فيقوم بإتاحة الفرصة للزوجة بأن تكون قادرة على قضاء وقت كافٍ مع أسرتها وأصدقائها، مما يجعلها تفتقد الزوج في النهاية، وتكون قادرة على التجدد في الكلام والحديث؛ لأن لديها الجديد لتضيفه.

فتكون الحياة أسعد وأبهى، ويكون الطرفان أكثر قدرة على العطاء في حياتهما.

40- لا تقومي بدور شرطي المنزل والزوجة بدون أي داعٍ

مثال ذلك: سؤال الزوج عن تحركاته، كثرت أم قلت، بداعٍ وبغير داعٍ.

فليكن الاستفسار اطمئنانًا، وإذا كانت هناك ثقة بين الزوجين، فلتكن واضحة في العلاقة.

41- لا تَقُم بدور الشرطي في المنزل

الاطمئنان على الزوجة أمر عادي، وإخبار الزوجة عن ذهابها وإيابها يُطَمْئِنُ الزوج، ويجعله قادرًا على استمرار الاطمئنان على الزوجة، والتدخل إذا لزم الأمر إذا أصاب سيارتها عطب، أو ما شابه.

إخبار الزوجة زوجها عن خططها اليومية، هو احترام للزوج، وتقديرٌ لدوره في إسعادها، والحفاظ عليها.

والزوج في إطار الاطمئنان على الزوجة لا يجب أن يبدو كشرطي.

42- الدراسة والتعليم

بعض الزوجات قد يرغبن بعد الزواج في إكمال دراسةٍ ما لم تكتمل، وكلهن أمل أن يتقبل الزوج ذلك.

بالطبع الاتفاق على ذلك قبل الزواج يسهل الأمر، مع الاتفاق على الأولويات، وهي المنزل، والأطفال.

قد يكون اقتراح استكمال الدراسة لم يتم الاتفاق عليه بين الزوجين قبل الزواج، والفكرة قد لاحت في أفق الزوجة بعد الزواج، فالأمر لا يزال محلًّا للدراسة بين الزوجين.

43- الزواج بعد طلاق

إذا ما تلا زواجٌ جديدٌ طلاقًا، فأول ما يفكر فيه الطرفان، كيف يُكتَب لهذا الزواج الجديد النجاح؟ وكيف أستفيد من أخطاء الماضي بعد تجربة طالت، أم قصرت، وكان لكل طرف فيها ما يندم عليه، وما يعتقد أنه كان صوابًا؟

الرغبة الأساسية هنا هي الرغبة في النجاح، وعدم تكرار أخطاء الماضي، فكل ما يستطيع الزوج أو الزوجة اعتباره أمرًا عاديًا، وغير محل للخلاف يزيد، وأشياء كانت في الزواج الأول سببًا لعدم رضا الزوج أو الزوجة، يمكنها الآن أن تكون لا مانع منها، فهذا الأمر، وذاك لا يستحقان أن يعكرا صفو الحياة الزوجية، ويصبح التسامح في أشياء كانت محلًا للخلاف في الماضي أكثر بعد أن أثبتت التجربة أنها أمور لا تستحق هذا بالطبع، بافتراض أن الاختيار الثاني لكلا الطرفين قد دُرِسَ بعناية قبل الزواج، وكانت لدى الطرفين فرصة للتفكير، والتأكد من مناسبة الطرف الآخر، وتوافر سمات وعوامل التلاقي الفكري، والنفسي، والروحاني.

مهم جدًا إدراك سرعة مرور الوقت، وأن الحياة وتجاربها تأخذ منا الكثير، وأنه إن استطعنا أن نجعلها تجربة سعيدة سلسة، فلن نضيع الفرصة هذه المرة.

44- إعطاء الانتباه الكامل للطرف الآخر

مبكرًا وفي بداية العلاقة يبدأ كلا الطرفين في استكشاف ومعرفة الطرف الآخر، ويبدأ ذلك أثناء الحديث والحوار، حيث يتعود كلا الطرفين على لغة الجسد، والإشارات، والعلامات التي تدل على السعادة، وعلامات عدم السعادة من الطرف الآخر.

فعلى سبيل المثال في الحديث الهامّ، والحوار الجاد يحاول كلا الطرفين إظهار الاهتمامات المشتركة الإيجابية التلقائية التي تتوقعها من شريك حياتك المحب لك.

هذا أمر مختلف من الحوار الباسم المتراخي، فقد يعبث أحد الزوجين أثناءه بالهاتف الجوال مثلًا في أثناء حوار ضاحك، والطرف الآخر لا يرى ذلك على أنه انشغال، أو كنقص في الاهتمام، أو قلة تقدير.

الخلاصة هنا هي أن يعلم كل طرف أنه أثناء الجد فإن شريك الحياة الآخر موجود بكل ثقله للمساعدة، والدعم المعنوي، وغيره من أنواع الدعم.

ومن أمثلة ذلك: إعطاء الاهتمام الكامل للطرف الآخر عند وصول الزوج للمنزل.

فعلى سبيل المثال: إن كانت الزوجة على الهاتف تقوم بكل لباقة بجعل المكالمة أقصر ما يمكن؛ حتى تعطى الزوج الاهتمام المطلوب، وإعداد الطعام، أو ما يحتاجه بحكم معرفتها بأوقاته؛ لأن هذا الاهتمام تتم ترجمته فورياً عند الزوج، ويتحول إلى مزيد من السعادة والتقدير.

45- الأطفال، وتوقيت الإنجاب

للأزواج الجدد نظريات عديدة في الإنجاب، والأطفال، وتوقيت الإنجاب. البعض قد يفضل الإنجاب مبكرًا حتى يتمكنوا من رعاية الأبناء، وهم آباء وأمهات نسبيًا صغار السن، وبصحة جيدة، وحتى يتجنبوا مشاكل الإنجاب عندما يتقدم بهم السن.

ومن ميزات الإنجاب المبكر التأكد من أنه لا توجد عوائق للإنجاب، وكذلك إتاحة الفرصة للحصول على عدد أكبر من الأبناء إذا رغبوا بذلك.

البعض الآخر قد يفضل التأخير في الإنجاب؛ حتى يشعروا بالحرية، والإحساس بقلة الحمل المادي؛ حتى يتمكنوا من ضبط أمورهم الحياتية، والمادية.

من عيوب الاختيار الثاني هو أنه في الإنجاب المتأخر يكبر الأبناء، وقد يكون الأب والأم قد تقدما في العمر، بحيث لا يستطيعان مجاراة الأبناء، وتلبية طلباتهم في بعض الأحيان؛ نظرًا لظروف صحية ألمت بهم.

وعكس ذلك في الإنجاب المبكر يكون الأبوان الأصغر نسبيًّا قادرَيْنِ على اللعب مع الأطفال، وتلبية مطالبهم البدنية والحياتية أسرع، وأكثر.

كلها وجهات نظر لها وجاهتها، المهم اتفاق الطرفين منذ البداية.

46- الأبناء، والنصيحة في مراحل العمر المختلفة

النصيحة للأبناء في مراحل العمر المختلفة من أهم ما نفعله لأبنائنا.

النصيحة المقدمة لطفل في المضمون والأسلوب تختلف عن النصيحة المقدمة للمراهق، وتختلف النصيحة المقدمة للأبناء في مرحلة الشباب، وحتى بعد أن يستقلوا بحياتهم، ويسيروا في دروب الحياة المختلفة.

الطفل الصغير يتعلم بالملاحظة والمشاهدة، فالكثير من الأطفال من خلال الحديث معهم، ومن أسلوبهم في التعبير تجد تشابهًا كبيرًا بينهم وبين الأب والأم اللَّذَيْنِ تعرفهم اجتماعيًّا وأسريًّا، أُسلوب التحية، الكلام، اختيار عبارات التعبير عن السعادة، وعبارات التعبير عن عدم الرضا، كل ذلك أول ما يلاحظه الطفل يلاحظه في أقرب الناس إليه، وفيمن يقضي كل وقته وحياته معهم، وهم الأب والأم.

أسلوب التفاعل والحوار مع الآخرين يتعلمه الأطفال من الأب والأم، فمنهم من يشاهد الوالد أو الوالدة عند الحوار تدع فرصة للشخص الآخر بأن يكمل حديثه حتى النهاية بلا مقاطعة قبل أن تطرح سؤالًا أو فكرة مختلفة، وهكذا يبدأ الطفل في ملاحظة التفاعلات في من حوله.

العكس بالعكس كذلك مِن الأطفال مَن يشاهد الحوار عبارة عن تفاعلات مرتفعة الصوت وخلافات، فكلما أمكن أن نجعل الأبناء يشاهدون أفضل ما نمتلكه، كلما كان النتاج من الأبناء على أفضل ما نرجو منهم، ونتمنى لهم.

شاهدت على (السوشيال ميديا) في فيديو صَوَّرَتْهُ وبَثَّتْهُ أم لابنتها؛ ظنًّا منها أنه شيء طريف، وفي هذا الفيديو تظهر الطفلة، وكأنها مرعوبة أثناء سؤال الأم لها عن شيء خطأ فعلته، وأثناء تبرير الطفلة لما فعلته كانت تختلق أعذارًا، وتتحدث عن أشياء مستحيلة حدثت.

وخلال هذا التسجيل تلاحظ أن الطفلة مرتعبة تمامًا، وخيالها الجامح سببه الرعب، فتساءَلْتُ: لماذا نشرت الأم الفيديو على شبكة التواصل الاجتماعي؟ وما الطريف في طفلة مرتعبة تتحدث بخيال الأطفال تبريرًا وخوفًا من العقوبة؟ فكان من الأفضل تعويد الطفلة على الصراحة؛ لأن التخويف بالعقاب يدفع الأطفال

لاختلاق القصص، وفيما بعد قد تتطور الأمور إلى تجنب المصارحة مع الأبوين خوفًا من العقاب.

التعليم، والتربية للأبناء، لا تعني الرعب أو التهديد.

47- تجنب فن خلق المشاكل من لاشيء

الحياة الزوجية، والحياة بصفة عامة فيها ما يكفيها من المسؤوليات والمتاعب؛ ولذلك لا داعي أن نضيف إليها ما لا يستدعي، ولا يلزم من المشكلات التافهة، والتي لن تقدم، ولن تؤخر في مسار الحياة الطبيعي.

في بعض الأحيان تظهر المشكلات بسبب العادة عند أحد الأطراف.

أمور المطبخ والتسوق تقوم بها الزوجة، فمن اللطيف أن أساعدها في التسوق، الصحبة، الحديث، والمشاركة، ولكن لا داعي أن أتدخل في تفاصيل تسوق الخضروات، فالزوجة أدرى، وللزوج دور آخر.

48- أنواع الذكاء، ودوره في العلاقات الزوجية

النوع الأول: هو الذكاء الأكاديمي، وهو ذلك النوع من الذكاء الذى يميز المتفوقين عن غيرهم دراسيًّا، ويتمثل في قدرة الإنسان على التحصيل الدراسي، والفهم، وربط المعلومات ببعضها، والقدرة على الاستنتاج والاستنباط.

لا يشترط أبدًا أن كل من هو ناجح أكاديميًّا أن يكون ناجحًا اجتماعيًّا أو أسريًّا، فتجد الكثير ممن يعملون مع العباقرة من أصحاب الحرف والمهن المختلفة، يعانون على المستوى الشخصي أثناء التعامل مع شخص ناجح، أو عبقري في مجاله.

والعكس بالعكس قد يكون شخصًا بسيطًا في تعليمه، وليس من النوابغ في مجاله، ويقوم بعمله بصورة معتادة، إلا أن حب الناس له، وقدرته على فهمهم بسبب ذكائه العاطفي والاجتماعي تجعله ناجحًا، وأينما عمل أو حل فهو ناجح بسبب القبول الاجتماعي له، وتفاعل مَن حوله، ومشاركتهم الإيجابية معه؛ لأنه

يلهم من حوله بكلامه، وتصرفاته، وحتى بصمته الحكيم عندما يكون من الأفضل الصمت.

النوع الثاني: في الزواج، والعلاقات الاجتماعية، والإنسانية هو سر النجاح.

فالذكاء العاطفي إذا وُجِدَ في الشخص تجده قادرًا على تحسس أمور مَن حوله، والإحساس بهم، والتفاعل معهم بما يناسبهم، فهو يعلم متى يتكلم، ومتى يسأل، وكيف يطلب، وكيف يجامل، أو يلفت النظر لأمر، أو موضوع، فالشخص ذو الذكاء العاطفي بجانب إحساسه بمشاعر مَن حوله، والأوقات المناسبة، وغير المناسبة لحديث، أو أمر، أو طلب، أسلوبه أيضًا مختلف، والتوافق بين الكلام وتعبيرات الوجه والموقف هام جدًّا.

الشكر والامتنان قد يظهر في الوجه ولغة الجسد قبل الكلمات، وللشخص ذي الذكاء العاطفي تناسق وتلازم بين كلامه ولغة جسده.

الشخص الذي عاطفيًّا كالترمومتر يشعر بحرارة المكان الذي هو فيه، ويتعامل مع من حوله بما يناسبهم، ويناسب الموقف، والشخص.

49- ضغط الوقت، والتعامل معه

من أكثر الأشياء المثيرة للقلق هي الإحساس بأنك تحت ضغط الوقت، كمن هو متأخر عن موعد، فهذا الشخص يكون عادة تفكيره مستمر، وإحساسه بأنه قد تأخر بالفعل، وحتى وصوله، وقد يمتد الإحساس بالقلق لأبعد من ذلك نتيجة التفكير في عواقب التأخير، وماذا سيحدث نتيجة لذلك، سواء أكان هذا في العمل أو الحياة الاجتماعية.

الإحساس بأنك مضغوط يبدأ باقتراب الموعد، وأنت في مكان بعيد عن مكان الموعد، أو اللقاء، وإذا كان سبب التأخير هو شريك أو شريكة الحياة، وبتكرار ذلك تنشأ المشاكل، وبتكرارها يحدث نوع من النفور، والإحساس بأن الشخص الآخر لا يتعلم، أو غير مكترث، ولا يُقَدِّرُ عواقب التأخير.

النصيحة هنا هي متى تم الاتفاق على موعد كلا الطرفين، يجب أن يراعَى ذلك، فالنساء عادة يأخذن وقتاً في ارتداء الملابس

والاستعداد للخروج، وبعض الرجال قد ينتظرون حتى آخر لحظة ليبدؤوا الاستعداد.

صورة أخرى من ضغط الوقت، وهي وضع خطة شديدة الازدحام للطرف الآخر؛ فيسبب ذلك الإحساس بالعصبية، والإحباط لعدم القدرة على تحقيق ما هو متوقع.

ومثال ذلك: زوجة تطلب من زوجها عدة زيارات تسوقية واجتماعية في وقت ضيق، ومع ازدحام الطريق، والمجهود قد يشعر الزوج بالعصبية، والغضب.

والعكس أيضًا؛ إذا توقع الزوج من الزوجة أن تقوم بالعديد من الأعمال داخل وخارج المنزل، بما قد يفوق قدراتها وتحملها، فإن ذلك قد يكون له تأثير على العلاقة بين الزوج والزوجة، واتساع الإحساس بالمبالغة في التوقعات من الطرف الآخر.

50- الهدية

مهما كانت بسيطة إلا أنها رسول المحبة والود... وقت تقديم الهدية، طريقة تقديمها، الكلمات التي تصحبها، الود، والمعزة، والحب، كلهم في الهدية.

وكم من هدية غلا ثمنها، ولكنها لم توصل الرسالة المرجوة!

وكم من هدية بسيطة حازت على قلب مَن تلقاها، وصارت جزءًا من حياة هذا الإنسان! فيتذكرها، ويستحضر لحظات محببة إلى القلب مهما مر الوقت.

قد أقدم هدية، ويشعر مَن أمامي بالمحبة، والتواضع، والود بدون أن أنبس ببنت شفة، وقد أقدم هدية ويشعر مَن أمامي بـ "تهادوا تحابوا".

معرفة ما يحبه الزوج أو الزوجة من الأمور الضرورية، وعندها يكون اختيار الهدية المناسبة أكثر سهولة، ويجعل الاختيار أقرب إلى القلب، فبعض الناس يفضّل زهورًا، والبعض الآخر قد يفضل

هدية للاستعمال في العمل، والمهم أن يشعر متلقي الهدية أنه جزء من حياة شريك عمره، وأن الاهتمام بينهما متواصل، ولا ينقطع.

الهدية قد تكون بمناسبة، أو بدون مناسبة، والهدية المفاجِئة لها رونقها الخاص، وذكراها التي لا تُنْسَى.